SÍNTESIS SOBRE INTERVENCIÓN EN CRISIS

Como trabajar una crisis de manera efectiva

Por: Dr. Alberto José Morales Aponte

Psicólogo y Experto en Manejo de Crisis

¡Siempre ten fe en todo lo que hagas!

ÍNDICE

EL AUTOR

El Dr. Alberto José Morales Aponte, tiene sobre 20 años de práctica laboral en el campo de la salud mental, posee un doctorado en Consejería Psicológica, de la Universidad Interamericana de Puerto Rico, donde igualmente completó estudios de bachillerato y maestría en dicha rama. El Dr. Morales, además posee una maestría del Sistema Universitario Ana G. Méndez, en el campo de la administración de empresas, con una concentración en gerencia de recursos humanos, donde igualmente completó una especialidad en finanzas y otra en contabilidad. En cuanto a la experiencia laboral, ha trabajado en varios hospitales de salud mental, desde comienzo en su desarrollo como profesional de la salud mental, también se ha desempeñado en la práctica privada y como manejador de crisis, por una década, donde

intervino positivamente con sobre 1,000 casos,

los cuales sobrevivieron gracias a su efectiva

intervención.

El Dr. Morales ha escrito sobre 50 artículos

publicados en los más distinguidos periódicos de

Puerto Rico y prestigiosas revistas, también fue

reconocido por su labor, por el aquel entonces

Gobernador de Puerto Rico, El honorable

Alejandro García Padilla, ante su intervención

con los familiares y amistades de las víctimas

del atentado terrorista de la Discoteca "Pulse",

en Orlando Florida. El Dr. Morales continúa

aportando sus conocimientos y ayuda a las

personas que así lo necesitan, a través, de su

práctica privada y ofreciendo talleres de

capacitación a profesionales de la conducta.

EL LIBRO

La mayor parte de este libro, fue escrito por mis experiencias, trabajando como manejador de crisis y en mi práctica privada como psicólogo. En este libro discuto conceptos que entiendo son muy importantes en el manejo de una crisis. Como mencioné anteriormente, me he desempeñado como manejador de crisis, por más de 13 años y como psicólogo, por más de 9 años, no obstante, me he desempeñado en otras funciones en el campo de salud mental, por sobre 20 años. En todos estos años, pude recolectar información sobre las intervenciones que he realizado con pacientes atravesando crisis. Estas intervenciones las he plasmado en este libro, el cual espero sea de gran ayuda a todo el profesional que de alguna manera trabaje con público o pacientes, sin embargo, el mismo puede ser de gran ayuda a personas que deseen instruirse en este tema. Espero que este libro les sea de gran ayuda y puedan utilizar el conocimiento adquirido al leer el mismo, ayudando a otras personas que lo puedan necesitar.

PROPÓSITO DE ESTE ESCRITO

El propósito de este escrito es ofrecer el conocimiento al lector, sobre lo que es el estado emocional de una crisis y como intervenir eficientemente ante dicha situación. Durante el tiempo que estuve trabajando en una línea de intervención en crisis, pude atender varios profesionales de la conducta humana que tenían muchas dudas relacionadas a lo que se debía hacer ante una situación, donde una persona estaba contemplando la idea de privarse de su vida. La necesidad de compartir mis conocimientos y el ayudar a otras personas comprender la magnitud de la crisis y como trabajar las mismas, evitando que una persona se prive de su vida, es lo que me ha motivado escribir este libro.

DEDICATORIA

Dedico este libro a todas las personas que han estado conmigo, en las diferentes etapas de mi vida, apoyándome y haciéndome crecer tanto de manera intelectual como espiritual. A todos los maestros que han plantado un granito de conocimiento en mi mente y a todos los que aquellos que me hicieron entender que su presencia en mi existencia tenía algún propósito, para hacerme crecer como persona y ser un gran ser humano, apreciando cada vez más los detalles más "pequeños" de la vida.

¿QUÉ ES UNA CRISIS?

Cuando hablamos de crisis podríamos pensar en una situación que nos está afectando emocionalmente y que no podemos controlar. Efectivamente una crisis es un estado emocional el cual no sabemos controlar, y se necesita de la intervención de un profesional de la conducta, para poder lograr la estabilización emocional. La crisis puede ocurrir por múltiples razones e incluso las razones y precipitantes que pueden causar la crisis en una persona, no necesariamente podrían causar dicha reacción en otra persona, ya que cada individuo es un ser único, el cual le afectan situaciones diferentes.

La crisis es un estado emocional, donde la persona que está pasando por esta, no ve una salida positiva; tampoco las cosas que hacía para resolver situaciones estresantes, no funcionan. Ante la crisis, la persona tiene una visión nublada sobre cómo resolver las situaciones más sencillas, por lo que necesita ser asistida y guiada por un profesional de la conducta.

ANALIZANDO LA CRISIS

La crisis tiene diferentes etapas, las cuales se discutirán próximamente en la lectura, también la misma puede afectar tanto a niños, jóvenes y adultos, sin importar edad, género, raza o preferencia sexual. Cada persona es un ser único, como he mencionado anteriormente, por lo que para lo una persona piensa que es una crisis, para otra podría no serlo. Las crisis tienen la particularidad de que pueden surgir a raíz de una situación imprevista, por lo que la persona que la padece no estaba esperando que esa situación pudiese surgir o que le ocurriría a ella. Otra de las particularidades de las crisis es que pueden surgir poco a poco, de manera "desapercibida", hasta llegar al punto en que los estresores se han acumulado hasta disparar los niveles de ansiedad, surgiendo así el estado de crisis. Cuando una persona se encuentra en un estado de crisis, por más inteligente y estudios que pueda tener, se le hará muy difícil la toma de decisiones e incluso podría llegar a la incapacidad de poder razonar de manera efectiva. La crisis bloquea la manera de pensar, incapacita a la persona y la hace incapaz de pensar con claridad.

¿POR QUÉ RAZÓN OCURRE LA CRISIS?

La crisis puede ocurrir por múltiples razones.

Cada persona puede ser afectada por razones

particulares, pero el nivel de incapacidad ante

una situación depende de cada persona, de la

resiliencia que posee cada individuo. Una crisis

puede surgir por la acumulación de diferentes

situaciones o estresores, por ejemplo, la pérdida

de empleo, discusiones, problemas económicos,

entre otros. También puede surgir ante una

situación imprevista como la pérdida de un ser

querido o incluso de un bien material, como una

casa, vehículo, u otro. Cabe señalar

nuevamente que, para cada individuo, las

situaciones que ocurren y los bienes que posee,

se le asigna un valor en particular, por lo que el

perder un vehículo de motor (carro), podría

afectarle a una persona al punto de llorar

desconsoladamente, perder el apetito,

problemas conciliando el sueño, entre otros.

RESILIENCIA

La resiliencia es la capacidad que tiene cada persona en particular, para trabajar y afrontar cada situación que le pueda surgir en su diario vivir. La capacidad de resiliencia podría ser afectada por la crianza de cada individuo, ya que a través de la enseñanza del hogar y el aprendizaje se puede desarrollar las herramientas para lidiar con los "problemas" que surgen en la vida, de la misma manera el aprendizaje vicario o por observación, de las situaciones que les ocurren a otras personas, es una manera de lograr educarse y poder desarrollar herramientas para trabajar las situaciones particulares que surjan. La resiliencia también se puede desarrollar a través de las diferentes etapas de vida, creando una resistencia ante los eventos que pueden causar al perjudicado algún tipo de daño emocional, ya sea una situación de acoso escolar o laboral, entre otros. Mediante la persona pasa por diferentes situaciones en su vida y las va resolviendo, esto le puede afectar de manera positiva, enseñándole como resolver situaciones más complejas en el futuro.

EFECTO DEL GLOBO

Cuando hablo del efecto del globo, me refiero a la comparación de un globo cuando se llena de aire, el mismo comienza a inflarse, hasta el punto de que explota cuando llega a su límite de capacidad para continuar soportando el ser llenado de aire. Lo mismo ocurre con el ser humano, este último tiene un nivel de capacidad de tolerancia, lo cual va disminuyendo mientas más situaciones se le presenten en la vida, las cuales considera como estresores y situaciones negativas. Mientras uno no trabaje las situaciones negativas y las canalice de manera correcta y efectiva, estas seguirán acumulándose en la psiquis y posteriormente terminaran "explotando", convirtiéndose en una crisis. De la misma manera en que el globo tiene una capacidad de aguantar el aire, el ser humano tiene una tolerancia que no le permite aguantar más problemas o estresores, si es que no los canaliza apropiadamente.

CARACTERÍSTICAS, SÍNTOMAS Y PARTICULARIDADES DE LA CRISIS

La crisis tiene múltiples características, síntomas y particularidades. Entre las características y síntomas que puede presentar la crisis, lo son:

Llanto - La persona en crisis, pude presentar en ocasiones llanto, reflejando la impotencia que siente o como método de canalizar la crisis.

Ansiedad - La ansiedad se podría manifestar en inquietud.

Coraje o Ira - Podrías sentir coraje, cuando se presenta un cambio tan abrupto, como ha ocurrido ante la cuarentena, ya que es un evento inesperado y tiene como consecuencia, muchos cambios en nuestra rutina diaria.

Agresividad -

El perjudicado, podría ser menos tolerante a las situaciones que le ocurren, mostrando un claro deterioro en su salud mental.

Cambios en el patrón del sueño - Podría presentarse en dormir por horas prolongadas, o lo contrario, presentar problema para conciliar el sueño.

Cambios en el apetito - Podría presentarse en comer demasiado, o dejar de alimentarse de manera apropiada, dejando de realizar el desayuno, el almuerzo o la cena.

Automutilación - Cortarse en el área de los antebrazos, muslos u otros lugares menos visibles o que se puedan esconder con pulseras o con la ropa. La automutilación, podría causar un alivio en cuanto al sufrimiento que se encuentra sintiendo el perjudicado.

Dificultad en pensar o razonar - En una crisis, una persona podría presentar dificultad en resolver situaciones simples, ya que la crisis se manifiesta, como si tuviese nublado sus pensamientos.

Problemas de concentración - la memoria,
concentración, se afectan ante una crisis,
impidiendo al perjudicado concentrarse, por lo
que podría afectar a su vez en el área laboral o
estudios académicos.

Tristeza profunda - El sentirnos que no
podemos quedarnos quietos, miedo y
preocupación persistente, ante la incertidumbre
de lo que pueda suceder. Es una de las
emociones básicas. Es un tipo de dolor
emocional, el cual podría provocar decaimiento
espiritual, además de canalizarse en llanto.

Impotencia - La sensación de no poder hacer algo, es característico de la crisis. Aunque se tengan de frente las herramientas, para lograr una mejoría, al perjudicado se le dificultará reconocerlo.

Impaciencia - La poca tolerancia es una de las situaciones o cambios que podrían surgir ante esta situación.

Falta de motivación - Una persona en crisis, podría perder el interés en hacer cosas que antes le agradaban y hacía frecuentemente.

Pérdida de control - Una persona en crisis, podría canalizar la ansiedad, ante la pérdida de control, aumentado el consumo de alcohol, drogas, u otras acciones, que podrían ser peligrosas, para él u otras personas.

Miedo a afrontar las situaciones diarias - Es una sensación de angustia, provocada por una situación real o imaginaria. El miedo es normal, ante la incertidumbre.

Problemas para tomar decisiones - La toma de decisiones es algo que el perjudicado podría presentar dificultad, es por eso que la intervención de un terapeuta, le podría ayudar a encontrar nuevamente el camino correcto.

Negación - La negación es un mecanismo de defensa, que podría ser perjudicial, al impedir buscar ayuda.

Malestar físico - El malestar físico puede surgir a partir, efectos psicosomáticos, donde lo emocional se refleja en situaciones físicas (dolor de cabeza, pecho, abdomen, entre otros).

Suicidio - A su vez la crisis al afectar el área emocional podría desencadenar afectando tanto al individuo en el área laboral, académica, social y espiritual. La salud mental y física del individuo puede verse envuelta y afectada ante las situaciones que le ocurran, ya que hay un efecto llamado psicosomático, lo cual surgen complicaciones físicas a consecuencia de las situaciones estresantes que nos ocurren.

AGOTAMIENTO E INTOLERANCIA

Al hablar del agotamiento e intolerancia, me refiero a esa fase inicial a la cual se enfrenta el perjudicado. Durante esta fase, el individuo ya ha intentado varias maneras de resolver las situaciones que le están agobiando, sin embargo, no le han dado los resultados que esperaba. Esta fase es el comienzo de lo que denomino crisis, ya que comienza la frustración y ya se comienzan ser evidentes las consecuencias de este estado, tanto a nivel social, como laboral y académico. También esta etapa se da en los niños, pero es de manera mucho más rápida, ya que el menor todavía no ha desarrollado la capacidad suficiente de análisis y entendimiento, como para buscar alternativas para lidiar con la situación negativa que le está ocurriendo, pasando de manera veloz a las demás etapas, hasta el descontrol.

Incapacidad de análisis

La incapacidad de analizar es común en una persona en crisis, ya sus decisiones le afectan, debido a que no piensa de manera efectiva, lo cual se complica con la pérdida de sueño y mala alimentación.

Descontrol

Ya en esta fase, el individuo actúa de manera descontrolada, sin analizar consecuencias y responsabilidades. Ya en esta etapa se pierde todo tipo de control, lo cual puede desencadenar en suicidio.

COMPORTAMIENTOS Y REACCIONES DEL INDIVIDUO

La reacción que puede presentar un individuo en crisis puede depender de la etapa en que se encuentre, no obstante, hay unas características particulares que pueden servir para la identificar el que una persona se encuentra en crisis, entre estas características o acciones que puede presentar el perjudicado, son:

- Cambio de ánimo (coraje, tristeza).

- Aislamiento.

- Dificultad en la toma de decisiones.

- Aumento en tardanzas.

- No completa las tareas cotidianas.

- Aspecto físico deteriorado (no se asea con la frecuencia que solía hacerlo, su ropa se observa estrujada o sucia).

- Alteración en el patrón del sueño.

- Alteración del apetito.

- Hace comentarios a otras personas de su situación emocional o "problemas" que presenta

- Para otras personas es evidente los cambios tanto en el comportamiento, nivel de compromiso u otros, que presenta el perjudicado.

¿QUIÉN PUEDE PADECER DE UNA CRISIS?

Nadie se encuentra exento de padecer una crisis, ni siquiera un profesional de la conducta. La crisis no discrimina edad, sexo, orientación sexual, estatus social o raza. Lo único que se necesita para padecer de una crisis es estar vivo y tener sentimientos. Todo ser humano debe cuidar su estado emocional y físico, ya que ambos van ligados el uno del otro. Se deben practicar las herramientas de manejo de ansiedad y canalización efectiva de las emociones, para así no drenarse del estrés que podemos asimilar diariamente.

TIPOS DE CRISIS

Durante las etapas de desarrollo, tienden a ocurrir diferentes tipos de crisis, desde la incapacidad de control de emociones, la baja autoestima, el análisis de la mediana edad, donde la persona se auto evalúa en cuanto a las metas realizadas y logros de vida, preparación académica, relaciones sentimentales, hasta la cercanía de la muerte, en la edad dorada.

Infancia

Como se discute anteriormente, todas las etapas de desarrollo presentan su crisis particular.

La infancia se caracteriza por el poco control de las emociones, esto hace vulnerable al individuo a padecer constantes "crisis", ya que no sabe controlar sus emociones ante las situaciones que se le presentan en su diario vivir. Algunas de las situaciones que pueden ser precursores o precipitantes, lo pueden ser situaciones básicas como: el que sus padres no le permitan realizar alguna acción en particular, el que se le regañe o castigue, entre otras. En esta etapa, es muy importante que el adulto encargado del menor tenga conocimiento de métodos de modificación de conducta, estructura y conozca de herramientas básicas de manejo de emociones.

Adolescencia

Durante la adolescencia el individuo es muy vulnerable a la presión de grupo, también tiende a imperar en la inseguridad. Estos factores son precursores de situaciones emocionales que pueden desencadenar a su vez en una crisis. El efecto "globo", suele a surgir o verse muy vulnerable en esta etapa, donde el individuo tiende a acumular situaciones emocionales que le afectan negativamente, sin afrontarlas o trabajarlas de manera efectiva, esto tiende a desencadenar en la crisis o a lo que me refiero como "explosión" emocional.

Mediana edad

La edad mediana es entre los 40 a los 50 años de edad. Durante esta etapa la persona se pretende tenga una estabilidad económica y una madurez de vida, no obstante, esto no quiere decir que una persona que se encuentre en la mediana edad se encuentre exenta de padecer una situación emocional, que le afecte a tal grado que padezca una crisis. Durante la edad mediana, se evalúan los logros alcanzados, lo que podría provocar al individuo una crisis al no haber alcanzado los mismos. Las estadísticas de Puerto Rico señalan que en los últimos años desde el 2014 al 2017, las edades entre 55 a 59 años de edad, obtuvieron las cifras más elevadas de personas que se privaron de su vida.

Edad dorada

La edad dorada es la edad donde se debe disfrutar de los logros alcanzados durante toda una vida; esta etapa de vida consiste en las personas mayores de 60 años o más. Al igual que las demás etapas de vida, esta es una de cambio y aprendizaje, de crear nuevas metas y cumplir alcanzar nuevos logros. Durante esta etapa, el individuo está más consciente de la muerte, lo que le podría provocar mucha ansiedad y temor de la misma. La edad dorada es una hermosa etapa de vida, la cual hay que disfrutarla, superando los temores al fin de la existencia como un ser tangible, ya que esta última es parte de la misma vida. Hay que recordar que la energía no se crea o muere, solo cambia de forma.

COMPONENTES CATALÍTICOS DE UNA CRISIS

Los componentes catalíticos o situaciones que puede propulsar una crisis son individuales, ya que cada persona puede ser más receptiva a una situación comparada con otra persona, sin embargo, algunas de esas situaciones que podrían catalogarse como comunes, lo son:

- La pérdida de un ser querido
- Pérdida de una mascota
- Pérdida de un bien material
- Pérdida del trabajo
- Discusión
- Pelea
- Ser víctima de acoso o agresión
- El estrés
- Trauma
- Víctima de "Mobbing" o "Bullying"
- Violencia (verbal, física, psicológica)

- Pérdida del trabajo

- Ruptura de una relación

- Desastre natural

ETAPAS DE LA CRISIS

Las tres etapas de la crisis

Primera etapa

Esta etapa de la crisis, se caracteriza porque la persona o perjudicado todavía puede tomar decisiones por sí mismo, estar consciente e identificar la causa de su ansiedad y estado negativo emocional, de la misma manera puede buscar la ayuda correspondiente para trabajar con su estado emocional, a través de un profesional de la conducta humana.

Segunda etapa

En la segunda etapa de crisis, ya el individuo muestra lo que es una dificultad significativa en cuanto a sus relaciones sociales, área laboral y académica. La persona presenta una dificultad más significativa en cuanto a la toma de decisiones, concentración e iniciativa al realizar alguna tarea. Las personas que le rodean ya son capaces de percatarse de que al perjudicado le está sucediendo alguna situación a nivel emocional.

Tercera etapa

Ya en la tercera y última etapa el perjudicado pierde la capacidad de asimilar nuevas tareas y de realizar las tareas que normalmente llevaba a cabo. La capacidad de análisis se ve comprometida, al punto que las decisiones que esta persona pueda tomar podrían causarle daño tanto a ella, como a otras personas. En esta etapa los pensamientos suicidas son constantes y las automutilaciones e intentos suicidas son más propensos a ocurrir. Es evidente para otros el percatarse de la situación emocional en que se encuentra el perjudicado y la necesidad de que este reciba ayuda.

MITOS E IDEAS ERRÓNEAS ANTE EL SUICIDIO

En muchas ocasiones, se tienen pensamientos

erróneos, como los siguientes, en cuanto el

suicidio:

- El que se va a quitar la vida no lo dice

- Si estuviera deprimido no se estuviera

  riendo

- El que se encuentra deprimido no come

  tanto

- Si escucha música es que no se va a

  quitar la vida

- El suicida no hace ejercicio

- Si se fuera a quitar la vida, no iría a

  trabajar

- Esas ideas se van con solitas con el

  tiempo (El tiempo lo cura todo)

- Eso es solo una etapa

- El que quiere suicidarse, no se puede convencer a no hacerlo

- El suicidio es un impulso que no se puede prevenir

- El único objetivo de un suicida es la muerte

- Nunca se le debe hablar a una persona deprimida de la muerte, porque le das ideas

- Con un buen cantazo en la cabeza se le van esas ideas suicidas

- Eso es manipulación

- Yo lo conozco, ese no va hacer nada

¿A QUÉ COSAS DEBO PRESTAR ATENCIÓN?

Lenguaje verbal

- "Esta vida no tiene sentido"

- "Algún día me van a encontrar muerto"

- "Yo no quiero llegar a viejo"

- A través, del lenguaje verbal, el perjudicado podría manifestar tristeza, coraje e ideaciones suicidas, a mediante un comentario referente a su estado emocional.

Lenguaje no verbal

- Regala sus pertenencias más preciadas

- Deja de compartir con sus amistades

- Pérdida o aumento de peso abrupto

- No se asea

- Las cosas que antes le interesaban, ya no le presta atención

Se dice que una acción, dice más que cien palabras, es muy cierto. Las acciones en muchas ocasiones son reflejo de nuestro estado emocional; nuestro rostro, postura y manera de actuar, pueden mostrar cómo nos sentimos, es por tal razón que hay que estar muy pendiente a estas señales.

Marcas corporales

Lesiones en sus antebrazos u otras partes de su cuerpo

Una persona que frecuenta utilizar abrigos en temporada de verano, o cuando no hace frio, puede ser una señal, de que esté escondiendo alguna marca en su cuerpo, producto de una autolesión; también podría utilizar algunas prendas (pulseras, brazaletes, u otros), con el mismo propósito.

Preocupación de otras personas

Usualmente las personas cercanas al perjudicado, han notado cambios preocupantes en este último. En ocasiones cuando una persona busca ayuda, no se sincera del todo, por lo que la situación podría ser más aguda de lo que refiere, es por tal razón que su ser más allegado podría proporcionar información muy valiosa del perjudicado, como pensamientos suicidas que haya manifestado u otras conductas de riesgo, las cuales nos hagan tener un panorama más claro de cómo se encuentra emocionalmente el afectado, de esta manera se le pueda proveer el servicio que amerita.

¿QUE NO DEBO HACER EN UNA INTERVENCIÓN EN CRISIS?

Haber varias personas interviniendo a la misma vez

El haber varias personas interviniendo a la misma vez, con una persona en crisis, podría agravar la situación, ya que la persona se podría sentir acaparada y más ansiosa. Durante una intervención, debe intervenir solamente una de las personas, mientras el otro u otras hacen las coordinaciones pertinentes.

Distraerse con el celular, u otras cosas

El utilizar el celular u otro objeto, mientras se atiende una persona en desahogo, consejería, o terapia, podría afectar grandemente a la persona que busca ayuda, ya que va a interpretarlo como que no se le está prestando atención, o no es importante su situación emocional, lo que podría desencadenar en un comportamiento suicida o de automutilación.

No decir nada

En ocasiones se debe escuchar, en una situación de desahogo y catarsis, no obstante, es importante ser directivo y aportar en dicha intervención, ya que, en situaciones de crisis, la persona podría no estar viendo la situación con claridad.

No prestar atención

El no prestar atención es una de las peores cosas que se puede hacer en una terapia o intervención, ya que el perjudicado al percatarse de dicha acción, perderá el interés en usted como apoyo, siendo usted la persona que podría canalizar una situación de vida o muerte.

Restarle importancia al suceso

Cada individuo es un mundo, de la misma manera alguna situación que le podría no afectar a una persona, le podría causar una crisis a otra. Siempre que una persona busque ayuda, hay que prestarle toda la atención, ya que no solamente lo que nos está diciendo es importante, sino también lo que nos dice, por tal razón hay que hacer las preguntas correctas y auscultar cada situación como amerita.

Asumir

Nunca se debe asumir, ya que se omitirían muchas preguntas que podrían ser las que nos ayuden a entender la situación de la persona que necesita ayuda.

Dejar detalles al aire

Como se indicó anteriormente, el dejar detalles sin ser aclarados, es una intervención errónea; se debe preguntar directamente si la persona presenta ideas suicidas, homicidas, alucinaciones y delirios. Si la persona tiene dudas sobre lo que se le pregunta, se deben aclarar las mismas explicándole lo necesario para que entienda.

Es importante entender que hay ocasiones que el perjudicado puede buscar ayuda en solo una ocasión y si no la encuentra podría tomar una decisión mortal, para el u otra persona.

TÉCNICAS PARA CANALIZAR LA ANSIEDAD (HERRAMIENTAS)

Respiración diafragmática

Consiste en inhalar suavemente por la nariz,
retener el aire un instante, para luego expulsarlo
suavemente por la boca. Esta técnica te ayudará
a disminuir el ritmo cardiaco, el cual al estar
acelerado te podría provocar ansiedad. Debes
realizar esta respiración unas 10 ocasiones
como mínimo, hasta las veces que lo necesites.

Visualización

Esta técnica puedes realizarla a la vez con la
técnica de respiración diafragmática. La misma
consiste en pensar estar en un lugar tranquilo,
donde te sientas cómodo, el cual podría ser: un
río, playa, casa de un familiar o cualquier sitio
que te provoque calma.

Música

La musicoterapia ayuda a relajarte, aumentar los neurotransmisores asociados a la felicidad (endorfinas y serotonina), además de distraerte ante una situación que te pueda provocar estrés.

Masaje

Un masaje en los hombros, cuello o piernas puede provocar la tranquilidad que necesitas en ese momento de angustia y estrés. Esta técnica puede ser muy efectiva en los niños, mientras se le habla o lee un cuento.

Agua

El agua es muy terapéutica y te puede ayudar a sentirte calmado. Un baño con agua tibia te ayudará a relajar los músculos y disminuir la tensión.

Aroma terapia

Práctica en la que aceites aromáticos se frotan en el cuerpo o su aroma se inhala.

Actividades Manuales

Las actividades manuales pueden ayudar mucho a mantener la calma, especialmente a los niños y jóvenes (pintar, dibujar, bordar, escribir, entre otras).

Juegos

Este puede ser un buen momento para sacar los juegos de mesa que se tienen guardados, de esta manera se podrán disfrutar los mimos en familia, además nos permitirá compartir con nuestros seres queridos. También los juegos de adivinanzas puede ser una opción, la cual solo necesitaras de un marcador y algunas hojas.

Conversar

Este tipo de eventos muchas veces nos une como familia y nos hace que apreciemos y sintamos lo importante que son estos para nosotros. A través de la conversación podemos hacer chistes y recordar situaciones jocosas de diferentes eventos que se hayan compartido en familia. El conversar es un buen método de distracción y una manera sana para disminuir los niveles de ansiedad y coraje.

Evitar sobre exponerse a noticias negativas

No debes quedarte desinformado, de lo que está sucediendo en el mundo, pero debes disminuir la exposición a los medios noticiosos, ya que estar constantemente viendo noticias sobre la pandemia u otras situaciones negativas, pueden aumentar tus niveles de ansiedad, sobre cargándote emocionalmente.

Evitar personas tóxicas

Es el momento de evitar esa persona, que constantemente te habla de situaciones negativas o que te sobre carga en el área emocional. Si no puedes lidiar con esa persona, déjaselo saber, también le puedes decir que se comunique a Línea PAS (1-800-981-0023), de necesitar una sesión de desahogo o consejería.

SEÑALES DE PRECAUCIÓN (RED FLAGS)

Las señales de precaución o "red flags", se

refiere a cosas que puede hacer una persona

que presenta ideaciones suicidas, de las cuales

debemos estar pendientes.

- Cuida menos su aspecto físico

- Higiene personal (descuidada)

- Cambio en la alimentación

- Patrón del sueño

- Pérdida o aumento de peso

- Disminución en el rendimiento del trabajo

  o estudios

- Falta de motivación

- Apartarse del resto de las personas

- Dejar de llevar a cabo las actividades

  rutinarias

- Efectos psicosomáticos (fatiga,

  problemas digestivos, dolor de cabeza)

- Consumo constante del alcohol o drogas

- Conductas temerarias

- Expresa pensamientos de muerte

- Abandono o abuso del uso de fármacos

DATOS Y CIFRAS DEL SUICIDIO EN EE.UU. Y EL MUNDO SEGÚN LA ORGANIZACIÓN MUNDIAL DE LA SALUD

Datos y cifras del suicidio en EE.UU. y el mundo
según la Organización Mundial de la Salud

- Aproximadamente 800,000 personas toman la drástica decisión de privarse de la vida cada año.

- Por cada persona que se priva de la vida, hay muchos más intentos de suicidio por año. Entre la población en general, un intento de suicidio no cumplido es el elemento individual de riesgo más importante.

- Cada suicidio es una desdicha que afecta a familias, amistades, comunidades y países, en adición, tiene efectos prolongados para los allegados.

- La segunda causa principal de defunción en el grupo de edad entre 15 a 29 años, es el suicidio.

- La toma de plaguicidas, el ahorcamiento y las armas de fuego son los métodos más utilizados para privarse de la vida, en el mundo.

- El suicidio no solo ocurre en los países de elevados ingresos, sino que esta situación ocurre también a nivel global, afectando a todas las regiones del mundo.

- En el año 2016, sobre el 79% de los suicidios a nivel mundial ocurrieron en países de ingresos bajos y medianos.

- Cabe señalar que el suicidio es un problema muy grave de salud pública; sin embargo, se puede prevenir, a través, de intervenciones acertadas, basadas en datos fidedignos y a menudo de bajo coste.

ESTADÍSTICAS DE SUICIDIO EN PUERTO RICO

Estadísticas de suicidio en Puerto Rico

Fuente: Negociado de Ciencias Forenses de Puerto Rico. Datos preliminares del año 2000, hasta el 31 de diciembre de 2019.

En el año 2000, con una población de 3, 810,605, hubo un total de 317 suicidios, los siguientes años, la cantidad de personas que cometió suicidio, fue la siguiente:

- 2001 (318 suicidios),
- 2002 (259 suicidios),
- 2003 (307 suicidios),
- 2004 (331 suicidios),
- 2005 (342 suicidios),
- 2006 (299 suicidios),
- 2007 (308 suicidios),

- 2008 (340 suicidios),

- 2009 (356 suicidios),

- 2010 (353 suicidios),

- 2011 (326 suicidios),

- 2012 (317 suicidios),

- 2013 (322 suicidios),

- 2014 (265 suicidios),

- 2015 (250 suicidios),

- 2016 (211 suicidios),

- 2017 (260 suicidios),

- 2018 (243 suicidios),

- 2019 (176 suicidios).

- Según el promedio de suicidios, en total, desde el 200, al 2019, es de 295.

DISTRIBUCIÓN DE SUICIDIOS, POR SEXO

- En el año 2015, la frecuencia de suicidio en hombres, fue de 220, en contraste con 30, mujeres, lo que hace una diferencia de 190, siendo los hombres, los que cometieron suicidio, con mayor frecuencia.

- En el año 2016, 220 hombres cometieron suicidio, en comparación con 25 féminas, para una diferencia de 161, siendo los hombres, los que cometieron mayor suicidio.

- En el 2017, 223 hombres y 37 féminas, con una diferencia de 184, en favor de los hombres.

- En el año 2018, 211 hombres cometieron suicidio, en contraste a 32 mujeres.

- En el año 2019, 149 hombres cometieron suicidio, en contraste a 27 mujeres.

CASOS DE SUICIDIO POR GRUPO DE EDAD, EN P.R.

En el año 2019, el grupo de edad entre 50 a 54 años, fue el grupo de edad, que cometió mayor suicidio, con un total de: 22 personas, en los años anteriores, fueron:

- 2018 (40-44 grupo de edad),
- 2017 (65 a 69 grupo de edad),
- 2016 (45 a 49 grupo de edad),
- 2015 (55 a 59 grupo de edad).

GRUPO CON MENORES CASOS DE SUICIDIO

En los años del 2015 al 2019, el grupo de menor casos de suicidio, fue entre 1 a 14 años de edad, fluctuando entre 1 a 2 casos de suicidio, por año.

MÉTODO DE SUICIDIO MÁS Y MENOS UTILIZADO, ENTRE EL AÑO 2015, AL 2019

El ahorcamiento, fue el método más utilizado, tanto en hombres como en mujeres, desde el año 2015 al 2019.

El método menos utilizado entre 2015 al 2019, en cuanto a suicidio, fueron las quemaduras, con excepción al año 2018, donde fue el envenenamiento, en ambos sexos.

Región de mayores casos de suicidio, entre el año 2015, al 2019

Las regiones de mayores casos de suicidio, entre el 2015, l 2019, fueron Caguas y Bayamón.

En el 2015, (Caguas), 2016 (Bayamón), 2017

(Región metro), 2018 (Caguas y Región metro,

ambos con 41 casos), 2019, Caguas y

Bayamón, ambos pueblos, con 34 casos).

¿QUÉ HACER SI UNA PERSONA PRESENTA UNA CRISIS?

- Analizar la opción permitirle ventilar

- Ayudarle a comprender la situación (la persona en crisis tiene una visión nublada de lo que sucede)

- Mantén una conversación sin juzgar

- Procura escuchar (en ocasiones se debe hablar menos)

- Indicarle que te encuentras ahí para escucharle y no para juzgarle o criticar, sino para ofrecerle apoyo

OBJETIVO DE LA INTERVENCIÓN

Ayudar a la persona a que recobre el nivel de funcionamiento que existía inmediatamente antes del suceso de crisis.

Algunos definen esto como la restauración del equilibrio

5 COMPONENTES DE LA PRIMERA AYUDA PSICOLÓGICA

1- Hacer contacto psicológico

- Invitar al paciente a dialogar

- Empatía

- Estar atento

- Resumir

2- Examinar las dimensiones del problema

- Precipitante

- Recursos de ayuda

- Necesidades inmediatas

3- Examinar las posibles soluciones

¿Qué ha intentado hasta ahora?

- Proponer alternativas

- Ayuda (psicólogo, psiquiatra, hospital)

4- Ayudar a tomar una acción concreta

- Si la mortalidad es alta, la persona No podrá actuar en su propio beneficio.

- Se debe conseguir a sus familiares o recursos de apoyo.

5- Seguimiento

- Verificar que la persona recibió la ayuda correspondiente

- Descartar criterios de emergencia

¿QUÉ HACER SI LA PERSONA NO LOGRA CALMARSE?
(PROTOCOLO DE SEGURIDAD)

- Retirar objetos con los que se pueda hacer daño

- No dejarle solo

- Explorar ideaciones suicidas u homicidas

- Ayudar a disminuir niveles de ansiedad (respiración diafragmática, visualización)

- Buscar apoyo

- Activar servicios de emergencia (911)

- Línea PAS (opción)

- Ley 408

- Traslado de la persona, a sala de emergencias u hospital de salud mental

SISTEMA DE EMERGENCIAS 9-1-1

El Sistema de Emergencias (9-1-1), es

excelente herramienta de ayuda, si se presenta

una situación, donde haya una persona

contemplando pensamientos suicidas, a través,

de ellos, puedes recibir indicaciones de como

intervenir ante dicha situación, además, pueden

coordinar los servicios de em=enlace y

emergencias, para que intervengan con

prontitud y canalicen de manera efectiva la

emergencia.

En cualquier momento, una persona puede manifestar ideaciones suicidas. Si nos sentimos con dudas de como intervenir, podemos hacer uso de diferentes agencias, tanto del Sistema de Emergencias 9-1-1, como de ASSMCA (Administración de Servicios de Salud Mental y Contra la Adicción).

LÍNEA PAS DE ASSMCA (LÍNEA DE PRIMERA AYUDA PSICOSOCIAL)

La Línea PAS, es una línea de ayuda, la cual trabaja 24 horas, 7 días a la semana. La misma cuenta con varios profesionales de la conducta, los cuales se desempeñan como manejadores de crisis. A través de esta línea puedes recibir servicio de: desahogo, consejería, orientación y coordinación de servicios de salud mental.

ASSMCA Online

La Administración de Servicios de Salud Mental y Contra la Adicción (ASSMCA), provee una herramienta online, llamada ASSMCA Online, a través, de la misma, se pueden coordinar servicios de ayuda, ante una situación de suicidio.

¿QUÉ ES LA LEY 408?

La Ley 408 es la Ley de salud mental en Puerto Rico, la cual establece las necesidades de prevención, procedimiento y recuperación en salud mental. En este libro se describirá el procedimiento legal a seguir ante una persona en crisis, que no desee recibir tratamiento de salud mental, en un caso de emergencia.

CRITERIOS DE EMERGENCIA

Los criterios de emergencia, pueden ser:

- Alucinaciones - El perjudicado presenta alucinaciones visuales, auditivas o táctiles. Me refiero a alucinaciones, cuando el perjudicado ve, escucha o siente cosas que los demás no ven, escuchan o sienten.

- **Delirios -** Cuando el perjudicado presenta ideas irreales.

- **Violencia –** La persona se encuentra violento y no se logra calmar.

- **La vida corre riesgo -** Ha verbalizado ideas suicidas, su comportamiento así lo indica. La persona podría haber dejado de alimentarse, no se ha aseado en varios días, regala sus bienes preciados, ánimo decaído, se aísla de los demás.

- **Ideas homicidas -** Indica que desea quitarle la vida a otra persona.

¿QUÉ HACER CUANDO UNA PERSONA EN CRISIS NO DESEE RECIBIR SERVICIOS DE SALUD MENTAL?

Procedimiento para la radicación de la Ley 408 (*Causa de Ingreso involuntario)*

La persona está causándose daño, a otra

persona o a la propiedad, debido a que aparenta

o padece de sus facultades mentales.

Pasos para solicitar una orden 408:

1. Solicitud

La persona peticionaria debe comparecer al Tribunal y llenar un formulario oficial llamado Petición de Admisión Involuntaria.

2. Evaluación de la Solicitud

El tribunal evaluará la petición y podrá determinar si procede o no una Orden de Detención Temporera por un término no mayor de 24 horas para que la persona sea evaluada por un siquiatra en una Institución proveedora de servicios de salud mental. Si se expide la orden ésta quedará sin efecto dentro de los tres (3) días naturales a partir de su expedición.

3. Una vez otorgada por el tribunal la Ley 408, la persona que radicó la orden debe comunicarse a la Línea PAS para ofrecer los siguientes datos:

- Nombre de juez que otorgó la orden.
- Tribunal (dirección / pueblo) donde se radió la orden.
- Hora en que se otorgó la orden.
- Nombre de persona que radicó la orden y parentesco del cliente.
- Lugar donde se encuentra cliente (persona que se le radicó la orden).
- Condiciones médicas, limitaciones y de salud mental que presenta el cliente.

- Estado general en cuanto a condición física, mental y otros detalles pertinentes (persona sin hogar, usuario de sustancias controladas, otros).

- Medicamentos que el cliente consume y para que condición.

4. **Manejador de caso de Línea PAS procederá a presentar caso** a seguradora de plan médico, para la coordinación de hospital y ambulancia.

5. **Una vez la aseguradora del plan médico coordine ambos servicios se comunicará con peticionario de la orden 408 o con manejador de crisis de Línea PAS**, según hayan acordado para informarle de coordinaciones realizadas y proceda dirigirse al cuartel de policía más cercano para entregar copia de orden 408, donde enviará una ambulancia. Ambas unidades recogerán al paciente y lo llevarán a hospital psiquiátrico, de este no padecer condición médica que requiera un "clear" médico.

Acciones posteriores

Una vez el perjudicado es evaluado por la facilidad médica en el lapso de 24 horas, si se establece que no necesita tratamiento, se le da de alta. Por el contrario, si se establece que debe persistir hospitalizada, se le entrega a la persona solicitante una primera certificación.

Esta certificación deberá llevarse al Tribunal que emitió la Orden para entonces solicitar a este que dicte una nueva orden para que el paciente persista hospitalizado por un tiempo de hasta 15 días.

Cuando sea necesario se podrá pedir la extensión de la hospitalización, que no sobrepasará del término de quince (15) días adicionales. Para ello será necesaria una segunda certificación.

REFLEXIÓN

Todo en la vida tiene solución. Está en nosotros los profesionales de la conducta, orientar y adiestrar a otros sobre la manera correcta de como intervenir ante una situación de crisis, pero principalmente llevar a cabo la prevención, ya que es la clave para que una persona no llegue a este estado emocional.

FIN DEL MANUAL

Espero que este manual le sea de ayuda en su profesión y que sea la herramienta para poder canalizar de manera efectiva cualquier incidente de crisis en las que ustedes se encuentren para intervenir.

DEDICATORIA ESPECIAL

Este escrito se lo dedico a la memoria de mis padres, los cuales tuvieron un matrimonio de 52 años de relación, donde nunca dejaron de amarse, perpetuando ese amor de manera eterna. Lamento mucho el que no se encuentren aquí para compartir con ustedes este gran logro. Sé que en muchas ocasiones les debo haber provocado una que otra crisis, pero también sé que, con mucho amor, calma y fe, superaron las mismas.

¡Siempre los amaré con todo mi corazón!

REFERENCIAS

Coss M, Román N, Santiago M, Cabrera M & La claustra A (2019). Informe Estadístico Anual: Casos de Suicidios en Puerto Rico 2019. Instituto de Estadísticas de Puerto Rico.

www.ingramcontent.com/pod-product-compliance
Lightning Source LLC
Chambersburg PA
CBHW031233250726
48655CB00005B/1929